Bibliografische Information der Deutschen Nationalbibliothek:

Die Deutsche Bibliothek verzeichnet diese Publikation in der Deutschen National-
bibliografie; detaillierte bibliografische Daten sind im Internet über http://dnb.d-
nb.de/ abrufbar.

Impressum:

Copyright © 2016 GRIN Verlag, Open Publishing GmbH
Druck und Bindung: Books on Demand GmbH, Norderstedt Germany
ISBN: 9783668278820

Dieses Buch bei GRIN:

http://www.grin.com/de/e-book/337908/inklusion-und-exklusion-im-deutschen-
schulsystem-ein-ueberblick

Manuel Lemke

Inklusion und Exklusion im deutschen Schulsystem. Ein Überblick

GRIN Verlag

Inhaltsverzeichnis

Das deutsche Bildungssystem

In Deutschland gibt es kein einheitliches Bildungssystem. Grund dafür sind die Bundesländer, da diese weitgehend die Handhabe über die Bildungspolitik besitzen und ihnen die Entscheidungsmacht übertragen wurde, wie sie ihr Bildungssystem auf Landesebene präzisieren und ausgestalten. Jedes Bundesland hat andere Vorstellungen und Ideen, wie dies bestmöglich aussehen kann. Ein Beispiel für die Unterschiedlichkeit stellen die Gesamtschulen dar, welche in Süd-Deutschland kaum verbreitet, im Nordosten Deutschlands jedoch sehr stark vertreten sind. Grund dafür ist die SPD, welche in Bundesländern wie Hamburg oder Niedersachen längere Zeit an der Regierungsspitze waren. Ziel im Bildungsbereich war ein einheitliches Schulsystem zu verfolgen und die Einführung und Verbreitung von integrierten Gesamtschulen. In Baden-Württemberg und Bayern waren mehrere Jahre CDU/CSU an der Regierungsspitze und stärkten vermehrt das dreigliedrige Schulsystem (Hauptschule, Realschule und Gymnasium) weshalb nur wenige Gesamtschulen entstanden sind (vgl. TILLMANN et. al 2008, S.273). Aufgrund der Kulturhoheit der Landesregierungen, sind sich die Bundesländer in ihren Bildungssystemen nicht identisch, eine gemeinsame Grundstruktur des Bildungssystems ist jedoch vorhanden. Es herrscht in den wesentlichen Bereichen eine gesetzlich verankerte Deckungsgleichheit (vgl. ebd.).

Bildungsbereiche

Im diesem Abschnitt geht es um die fünf unterschiedlichen Bereiche im deutschen Bildungssystem. Auch wenn für diese Arbeit nicht alle fünf Bereiche relevant sind, werden diese in einem kurzen Absatz zusammengefasst, um einen Gesamtüberblick über das Bildungssystem zu vermitteln.

Der erste der fünf Bildungsbereiche ist der *Elementarbereich*. Dieser umfasst alle Betreuungs- und Bildungsangebote im frühkindlichen Alter. Dies wiederum umfasst das Alter von wenigen Monaten bis hin zum Einschulalter. Dazu zählen Kindergrippen, Kindergärten und Kindertagespflege sowie Vorschulklasse an Grundschulen. Diese Angebote sind in Deutschland nicht verpflichtend, sondern die endgültige Entscheidungsgewalt geht von den Eltern aus. In Deutschland nutzen über 90 Prozent der Eltern das Angebot, ihre Kinder im Kindergartenalter in einer Kindertageseinrichtung zu platzieren. Bei Kindern unter drei Jahren besuchen knapp über 20 Prozent eine der möglichen Betreuungsangebote. Kinder haben mit der Vollendung des ersten Lebensjahres einen Rechtsanspruch auf einen Betreuungsplatz (vgl. BPB 2016).

Der zweite Bildungsbereich ist der *Primarbereich* und beginnt mit der Einschulung in die Grundschule. Diese besteht in der Regel aus vier Schuljahren. Für Kinder ist der Besuch der Grundschule in Deutschland verpflichtend (vgl. ebd.)

Im nächsten Schritt erfolgt der Übergang vom Primar- in den *Sekundarbereich I*. Eine verbindliche Schulempfehlung gibt es in Deutschland nicht mehr. Mit einer Gesetzesänderung wurden den Eltern die Entscheidungsfreiheit sowie die Verantwortung übertragen, die weiterführende Schulart ihres Kindes weitestgehend selbst auszuwählen. Dennoch finden Beratungsgespräche zwischen Eltern und Lehrern statt, die ihnen helfen sollen, die richtige Auswahl der Schulart für ihr Kind zu treffen. Weiterhin können seitens der Schule Empfehlungen ausgesprochen werden, welche jedoch nicht verbindlich sind. Dieser Bildungsbereich umfasst alle weiterführenden Bildungsgänge wie Hauptschulen bzw. Werkrealschulen, Realschulen und Gymnasien. Alle Schulformen der Sekundarstufe I werden mit einem allgemeinbildenden Schulabschluss abgeschlossen und qualifiziert je nach Bildungsgang für die weiterführenden Bildungseinrichtungen der *Sekundarstufe II*. Zu diesem Bildungsbereich zählen allgemeinbildende und berufliche Schulen, als auch der Blockunterricht, welcher meist in Verbindung mit einer Ausbildung einhergeht (vgl. ebd.).

Ein weiterer Zweig im Bildungssystem wird durch die *Förderschulen* verkörpert. Diese gibt es im Primarbereich und im Sekundarbereich I und II. Es gibt verschiedene Typen von Förderschulen, z.B. Förderschulen für gehörlose Kinder, für jene mit einer körperlichen und motorischen Entwicklungsverzögerung oder für emotional und sozial eingeschränkte Kinder. Auch diese unterscheiden sich aufgrund der Kulturhoheit je nach Bundesland (vgl. ebd.).

Aufgaben Schule

Das Bildungssystem trägt mit drei Funktionen zur Erhaltung und Reproduktion der aktuellen Gesellschaft bei. Die erste ist die Qualifikationsfunktion. Die Schule führt zur *Reproduktion kultureller Systeme*, indem Kenntnisse und Fertigkeiten vermittelt werden, die zur Ausübung eines Berufes vorausgesetzt werden und die für die Teilnahme am gesellschaftlichen Leben erforderlich sind. Zweitens ist die Selektionsfunktion zu nennen. Dabei führt die Schule zur *Reproduktion der Positionsverteilung der Gesellschaft*, indem sie aufgrund der von den Schülern aufgezeigten individuellen Leistungen Berechtigungen und Zertifikate verleiht, die über den Platz in der Sozialstruktur der Gesellschaft entscheiden. Die Selektionsfunktion steht damit als Vermittler zwischen den Leistungen der Schüler und ihrer beruflichen Laufbahn. Und drittens die Integrations- und Legitimationsfunktion. Die Schule führt zur gesellschaftlichen Integration durch die *Reproduktion von Normen und Werten* und damit zur Stabilisierung und Legitimation der bestehenden gesellschaftlichen Ordnung (vgl. KELLER 2014, S.27f)

Diese Funktionen sind nicht Vollständig da, beispielsweise die Funktion die das Bildungssystem für die kulturelle Ordnung einer Gesellschaft übernimmt fehlt. Das Bildungssystem hat die Aufgabe, grundlegende Fertigkeiten wie Sprache und Schrift zu lehren, die nicht nur Voraussetzung für eine ökonomische und politische Teilhabe an der Gesellschaft sind. Sie sind ebenfalls notwendig um die kulturelle Symbole vor allem in dem jeweiligen Land und ggf. auch in andern Ländern zu verstehen. Zudem vermittelt das Bildungssystem die Wertvorstellungen der Gesellschaft, die Weltanschauung und das Menschenbild (vgl. KELLER 2014, S.28). Die Schule sorgt dafür, dass nahezu alle Gesellschaftsmitglieder auf der Stufe der praktischen Beherrschung die wichtigsten allgemeinen Kompetenzen –Lesen, Rechnen, Schreiben- erwerben können. (vgl. LIEBAU 1987, S.88f).

Die Schule – Ort von Inklusion und Exklusion

In diesem Abschnitt wird es um die Schule als Medium der Inklusion und Exklusion gehen. Die Frage nach Inklusionsarbeit, welche durch die Schulen bereits geleistet wird, Unterstützungsarbeit von benachteiligten Schülern, aber auch Einflussfaktoren und Bedingungen, welche Exklusion im Bildungssystem hervorrufen werden genauer betrachtet. Zuerst wird der Primare Bildungsbereich unter dem Aspekt betrachtet, welche Inklusions- und Exklusionsprozesse dort zu erkennen sind und anschließend was extrinsische und intrinsische Einflussfaktoren sind, die sich exklusionsfördernd auf Schüler auswirken.

Durch die Primarstufe kommen Kinder – meist ähnlichen Alters – aus allen sozialen Schichten und unterschiedlichen Nationalitäten zusammen. Die Kinder haben die Gleichen, wenn auch vorgegebene Ziele wie z.B. den Erwerb der Grundkompetenzen, den Übertritt in die Sekundarstufe I und viele weitere Zwischenziele. „Ein klarer Kandidat für einen Mechanismus mit breiten sozialen Inklusionswirkungen ist Bildung. Die besondere soziale Bedeutung von Bildung ergibt sich aus ihrer engen Verknüpfung von individuellen und kollektiven Konsequenzen. Für den Einzelnen geht es zunächst um den Erwerb von (Grund-)Kompetenzen, welche in vielen Bereichen des Lebens zum Einsatz kommen" (HILLMERT 2009, S.85). Die Schule ist nach der Betrachtungsweise welche durch Hillmert dargelegt wurde ein inklusionsfördernder Sozialraum. Grundschulklassen mit einer Dimension von 15 bis 25 Schülern würden in dieser Konstellation ohne den Besuch der Schule nicht existieren, vor allem nicht mit einem gemeinsamen

Ziel und über einen Zeitraum von mehreren Jahren. Betrachtet man die Schule unter diesem Aspekt, kann man sie als ein auf Kinder spezialisiertes Medium für den Zusammenschluss unterschiedlicher Bevölkerungsgruppen, Nationalitäten und Schichten oder als inklusiv bezeichnen.

Eine weitere Art Inklusion wird durch die Schulsozialarbeit wahrgenommen. Im Jahre 1993 entstanden vorrangig an sog. Brennpunktschulen die ersten Projekte der Schulsozialarbeit. Anfang des 21. Jahrhunderts wurde von den meisten Bundesländern die Schulsozialarbeit auch auf nicht Brennpunktschulen ausgedehnt, da nicht nur an brennpunktschulen ein Bedarf an Schulsozialarbeitern besteht. Dadurch wurde dem bestehenden Exklusionsrisiko entgegengewirkt (vgl. SCHULSOZIALARBEIT SACHSEN 2016). Durch die Schulsozialarbeit werden Jugendliche in ihrer sozialen Verantwortung und Kompetenz unterstützt. Weitere Aufgaben sind Angebote für Schüler und Erziehungsberechtigte in Form von professioneller Beratung und Unterstützung bei schulischen, persönlichen und familiären Problemen. Für die Lehrerschaft bietet sie die Möglichkeit der kollegialen Beratung an (vgl. SCHULSOZIALAREBEIT 2016). Die Schulsozialarbeit umfasst noch weit mehr Aufgaben, sowohl präventiver als auch interventiver Art. „Sie umfasst alle Formen kontinuierlicher Zusammenarbeit von Jugendhilfe und Schule, die eine Tätigkeit von sozialpädagogischen Fachkräften am Ort Schule und die Zusammenarbeit mit Lehrkräften dort zur Wahrnehmung von Aufgaben der Kinder- und Jugendhilfe für die Schülerinnen und Schüler zum Ziel haben (RADEMACKER 2009, S.13). Angebote richten sich z.B. an Kinder und Jugendliche, die an den Anforderungen der Schule zu scheitern drohen. Darüber hinaus benötigen viele Jugendliche aufgrund der erschwerten Arbeitsmarktverhältnisse professionelle Unterstützung beim Übergang in die Berufswelt. (vgl. RADEMACKER 2009, S.34).

Durch die Förderung von bildungsschwächeren Schülern sinkt das Gefälle zwischen den leistungsstarken und leistungsschwachen. Durch die Individuelle Betreuung, nicht nur schulischer, sondern auch privater ggf. familiäre Probleme kann Kindern mit geringen Bildungschancen – aufgrund von z.B. niedrigem Kapital der Eltern – eine größere Chance gegeben werden schulisch erfolgreich zu sein. Die Schulsozialarbeit ermöglicht „Schülern über das schulische Angebot hinaus ihre Fähigkeiten entfalten, Anerkennung erfahren und soziale Prozesse gestalten [zu] können. Dabei berücksichtigen sie die unterschiedlichen Lebenslagen der Schüler" (RADEMACKER 2009, S.35). Die Schule, die Schulsozialarbeit, sowie die Jugendhilfe arbeiten vernetzt um den Ungleichheiten des Bildungssystems entgegenzuwirken. Somit ist die Schulsozialarbeit anders als die Schule nicht als ein direktes Inklusionsmedium zu betrachten, sondern als Teil eines Trias. Durch die Verminderung der Chancenungleichheit wird die Exklusion während und nach der Primaren Beschulung und der Sekundarstufe I verringert und Inklusion gefördert.

Das schulische Bildungssystem ist in Deutschland je nach Bundesland unterschiedlich ausgeprägt. Somit können keine pauschalen Aussagen bezüglich des Bildungssystems gemacht werden, allerdings ist in den meisten Bundesländern das drei- bzw. viergliedrige Schulsystem vorherrschend. Die Förderung von Kindern mit einer Behinderung, auffälligem Verhalten oder lernschwächen finden in jeweils unterschiedlichen Bildungsinstitutionen statt. Auf diesen Schulen wird der Lernstoff der kindlichen Entwicklung angepasst. Diese Einrichtungen – Hilfs-, Sonder- und Förderschulen – können als separierende Inklusion verstanden werden. Demnach sind Förderschüler zwar in das Bildungssystem inkludiert, allerdings in Spezialorganisationen, welche sich auf Sonderpädagogische Förderungen festgelegt haben. (vgl. DB 2014 S.225) In Deutschland erfolgt die zentrale Schulentscheidung nicht als Auswahl der ‚besten' Schule, sondern als Zuweisung der ‚richtigen' Schulform und somit der bestmöglichen Förderung für das Kind. Durch das dreigliedrigen Schulsystem kann dies gewährleistet werden (vgl. KÖPPE 2012, S.206).

Die separierte Inklusion stellt sich als ein zweischneidiges Schwert da, betrachtet man es unter dem Aspekt des Ausschlusses von leistungsschwachen Schülern. Durch eine sehr frühe leistungsmäßige Aufteilung der Schülerschaft etablieren sich Schulformen, in denen sich eine homogene Gruppe von leistungsschwachen Schülern sammelt, wie es an den Sonderschulen, Förderschulen und auch den Hauptschulen der Fall ist (vgl. HURRELMANN/QUENZEL 2010, S.29 zit. nach HURRELMANN et al. 2006, S.66), dann sind schlechte Bildungserfolge bei diesen Schülergruppen zu erwarten, so dass z.B. in Hauptschulen die Chancenungleichheit für bildungsferne Kinder verstärkt und das Gesamtniveau von Bildungsqualität statistisch abnimmt (vgl. HURRELMANN/QUENZEL 2010, S.29). Nach Auernheimer (2013) hat die Trennung in unterschiedliche Schulformen negative Effekte auf das Lernverhalten. Vor allem am unteren Ende der Hierarchie, weil Lehrererwartungen nachweislich Auswirkungen auf die Schülerleistungen haben[1]. Bei dieser Art von äußerer Differenzierung mit der eindeutigen Abwertung der

---

[1] Als Beleg dafür dient der Rosenthal Effekt. Im Jahre 1965 führten die Psychologen Robert Rosenthal und Leonore Jacobsen an zwei amerikanischen Grundschulen dazu eine Studie durch und konnten nachweisen das die Einstellung der Lehrer nachweislich Einfluss auf die Bewertung der Schüler hat (vgl. PSYCHOLOGIE IM ALLTAG 2011)

Hauptschulen oder Sonderschulen, spielt nicht nur die Einstellung des Lehrers eine entscheidende Rolle, sondern die gesellschaftliche Erwartung insgesamt müsste sich neu ausrichten. Hauptschüler sind mit einem negativen Image behaftet, sei es in Bezug auf ihr Sozialverhalten, die Motivation oder ihre Leistungen. Auernheimer (2013) bezeichnet die Hauptschule als „Bildungssackgasse" (vgl. AUERNHEIMER 2012, S.11)

Problematiken treten nicht nur durch das Besuchen einer bestimmten Schulform auf, sondern auch innerhalb der jeweiligen Schulform. Das deutsche Schulwesen mit seiner Ausrichtung auf überprüfbare Einzelleistungen erzeugt und fördert zwangsläufig Prozesse der Auslese bzw. der Selektion. Kinder werden so unterscheidbar sowie darin eingeübt sich in Bildungsfragen selbstzentriert, tendenziell und egoistisch zu verhalten, weil sie als Einzelkämpfer behandelt, geprüft und zensiert werden. Des Weiteren kommt enormer Druck auf die Schüler zu, in Form von permanenten Rankings ihres eigenen Wissens, Könnens und Versagens im Schüler- und Schulnotenvergleich (vgl. RAUSCHENBACH 2009, S.169). Rauschenbach macht eine Anschaulichen vergleich bezüglich einer Abwärtsspirale der Leistungen von Kindern: „Und wie gute oder schlechte Platzierungen in einem Dauerleistungsvergleich wirken können, kann man anschaulich jedes Wochenende im Sport studieren, wenn das Abstiegsgespenst, also die Versagensangst, eine Mannschaft zusätzlich lähmt, während die aktuelle Tabellenführung einer Mannschaft zusätzliches Selbstbewusstsein, „Flügel" verleiht" (RAUSCHENBACH 2009, S.169). Durch die mehrgliedrige Sekundarbeschulung öffnet sich die Kluft zwischen leistungsstarken und leistungsschwachen Schülern am weitesten (vgl. GEIßLER/WEBER-MENGES 2010, S.559). „In Ländern, die ihre Schüler in verschiedene Schulformen aufteilen, nimmt die relative Ungleichheit systematisch zu, während sie in Ländern, die ihre Schüler nicht selektieren, systematisch abnimmt" (GEIßLER/WEBER-MENGES 2010, S.559 zit. nach SCHÜTZ/WÖß-MANN 2005, S.22). Das deutsche Bildungssystem setzt bislang auf die frühe selektive Trennung der Schüler und ihre Verteilung auf die verschiedenen Ebenen des hierarchisch gestuften Bildungssystems, und dies schon im frühen Alter. Das Schulsystem in Kanada zeigt das sich Inklusion und gleichzeitig leistungsstarkes Lernen nicht nur miteinander vereinbaren lassen, sondern sich gegenseitig sogar bedingen. Eine neun bis zehn Jahre lange gemeinsame Beschulung fördert die Entwicklung aller Schüler z.B. durch gemeinsames Lernen (vgl. GEIß-LER/WEBER-MENGES 2010, S.580f).

Hillmert zählt zu den gesellschaftlichen Funktionen von Bildung die kollektive Vermittlung von Wissen und Kompetenzen, die normative Sozialisation nachwachsender Generationen und die Selektion[2] sowie die Allokation[3] von gesellschaftlich notwendigen Positionen (vgl. HILL-MERT 2009, S.85). Er macht in seinen weiteren Ausführungen auf die Funktion von Bildung in Bezug auf die Gesellschaft deutlich, dass Selektion nicht erst gegen Ende der schulischen Laufbahn stattfindet, sondern nach vier Jahren bei der Empfehlung der zu besuchenden Sekundarschulart. Lehrer selektieren oft schon früher, da die Kinder in den Klassen unterschiedliche Kompetenzen, aber auch belastende Faktoren durch nicht zuletzt ihr Elternhaus mit sich bringen (vgl. HILLMERT 2009, S.96f zit. nach JACOB/HILLMERT 2008, o.S.) Ein weiteres Problem stellt die qualitative Verschiebung der Bildung, hin zu einer „Massenbildung" dar. Bildung wird dadurch zu einem Inklusionsmedium, gleichzeitig bedeutet dies auch eine besondere Exklusionsgefahr für diejenigen, welche die qualifikatorischen Mindestanforderungen von Bildungseinrichtungen nicht erfüllen (vgl. STICHWEH/WINDOLF 2009, S.86).

Das Bildungssystem eröffnet Inklusionschancen, sowohl in der Primaren Beschulung als auch in den Sekundarstufen. Die vorangegangenen Expertenaussagen haben jedoch auch aufgezeigt, dass die Bildungsprozess nicht nur zu sozialer Inklusion, sondern Selektionsprozesse und letztendlich auch Exklusionsprozesse bedingen können. Bildung *kann* eine mehrdimensionale Inklusion in verschiedenen Lebensbereichen leisten, da sie als soziale Querschnittsvariable Kinder verschiedenster gesellschaftlicher Schichten und Milieus zusammenbringt und diese in den Bildungseinrichtungen gemeinsam sozialisiert. Grade aufgrund dieser zentralen Bedeutung für die kindliche sekundäre Sozialisation und nicht zuletzt die Bedeutung dessen für deren Eltern[4] besteht erhöhte Exklusionsgefahr. Vor allem besteht die Gefahr für Kinder mit absoluten oder relativen Bildungsdefiziten. Diese Bildungsdefizite können auf die soziale Herkunft, das gesellschaftliche Prestige oder die zur Verfügung stehenden materiellen Ressourcen zurückzuführen sein. Abhängig von der Ausprägung, deren Zusammenspiel und ihrer Stabilität können sie sich zu Phänomenen ausgeprägter sozialer Exklusion verdichten (vgl. STICHWEH/WINDOLF 2009, S.86).

„Bei der Frage nach Exklusion hat Bildung eine ganz entscheidende Bedeutung. In der Regel geht niedrige Bildung mit einem ansteigenden Exklusionsrisiko einher. Dabei

---

[2] Selektion meint die Auswahl oder Auslese von etwas oder jemandem. Durch das Bildungssystem findet somit eine Auslese von den Bildungsteilnehmern statt. In Deutschland findet diese Auslese nach dem Primarbildungsbereich statt.

[3] Allokation bezeichnet die Zuordnung zu einer gesellschaftlichen Gruppe oder Position.

[4] Durch die primäre Sozialisation oder Prägung durch die Eltern sind Kinder, wenn sie Bildungseinrichtungen besuchen, in gewissem Maße vorgeprägt, da die Einstellung der Eltern in Form der Erziehung das Kind geprägt hat. Diese Adaption der elterlichen Haltung bedingt noch vor dem Kennenlernen der Bildungseinrichtung und den dort Lernenden den Exklusionsprozess.

wird an den Übergangsstellen im Bildungssystem bzw. im Verlauf von Bildungsgängen selbst schon exkludiert, wobei sich auch hier wiederum zwei Komponenten finden: einerseits eine Selektion durch die Institutionen nach deren Auswahlkriterien und andererseits eine Selbstselektion der Individuen abhängig von deren Präferenzen und ihrer Einschätzung der Aussicht auf Erfolg bei der Wahl einer der Optionen" (DITTON 2010, S.55).

Diese Aussage zeigt noch eine weitere Schwierigkeit auf. Nicht nur die Institution selektiert, sondern auch die Individuen oder in diesem speziellen Beispiel die Kinder selbst. Dabei spielen die Eltern der Kinder eine nicht unwesentliche Rolle, aber auch der Wissensstand der Schüler, welcher sich an den Mitschülern oder dem Feedback der Lehrer orientiert, kann zu einer Selektion in eine negative, exkludierende Richtung führen.

Aufgrund von Bildungsdefiziten, sozialer Herkunft und dem gesellschaftlichen Prestige finden im Bildungssystem Selektion und letzten Endes auch eine Exklusion statt.

Das Schulsystem skandinavischer Länder

Das schwedische und finnische System setzt auf die frühzeitige Förderung aller Kinder. Es findet eine ausgeprägte frühkindliche Bildung in Verbindung mit einer möglichst langen gemeinsamen Grundschulzeit statt. Dadurch wird die Leistungsfähigkeit unabhängig vom Bildungshintergrund der Eltern bestmöglich gefördert. Auf diese Weise konnten das schwedische und das finnische Bildungssystem den Einfluss des familialen Hintergrundes deutlich senken. Das deutsche Bildungssystem verstärkt die Negativfaktoren, da die vorschulischen Bildungseinrichtungen überproportional von Kindern aus gebildeten Elternhäusern besucht werden (vgl. HURRELMANN/QUENZEL 2010, S.28).

Finnland ist, was die Bildungseinrichtung Schule angeht, auf einem hohen Niveau. Fast 100 Prozent der Schüler erreichen den Abschluss der neunten Klasse der sog. Einheitsschule. Etwa 70 Prozent machen nach drei weiteren Schuljahren das Abitur, der Rest wechselt mit der zehnten Klasse auf einen beruflichen Bildungsweg mit einem beruflichen Abschluss. Es lässt sich keine direkte schulische Vererbung von Statuspositionen des Elternhauses nachweisen. Die Schere zwischen sozialer Herkunft und Schulerfolg scheint fast völlig geschlossen (vgl. BUDE 2008, S.100).

Eine Entkoppelung des engen Zusammenhanges von Bildungserfolg und ererbtem kulturellem sowie sozialem Kapital kann gelingen. Eine minimale Diskrepanz wird jedoch kaum zu verhindern sein – wenngleich nicht in diesem umfangreichen Maße, wie es in Deutschland derzeit der Fall ist. Die skandinavischen Länder sind dafür ein hervorragendes Beispiel. Im Umkehrschluss heißt dies, dass die Schule resp. Das Bildungssystem als solches handlungsmächtig ist und es nicht durch das Schicksal, die zufällige Zusammensetzung ihrer Klientel, in eine positive oder negative Richtung tendieren muss. Schüler mit Migrationshintergrund würden von dem Ausbau von Maßnahmen, zum Beispiel die Erhöhung des Angebots an Ganztagsschulen, profitieren. Diese werden laut Gogolin

Schulsystem Kanada

Ein weiteres Beispiel ist das kanadische Schulsystem. „Warum gelingt es im kanadischen Schulsystem, hohe Leistungen bei wenig sozialer Ungleichheit zu entwickeln? Ein wichtiger Grund ist das lange gemeinsame Lernen, das die in Deutschland institutionell erzwungenen ungleichen Lernmilieus, Grundschulempfehlungen und frühen elterlichen Bildungsentscheidungen vermeidet. Abschiebemechanismen für Problemschüler wie schulische Abstiege und Sitzenlassen fehlen; sie werden durch eine gut entwickelte institutionalisierte Förderkultur ersetzt" (GEIßLER/WEBER-MENGES 2010, S.571).

Deutsche Bildungs- und Sozialwissenschaftler schreiben dem Bildungssystem eine Selektionsfunktion zu und geben damit die institutionellen Gegebenheiten und das Denken über Schule in Deutschland zutreffend wieder. In Kanada fehlt das Sortieren und Auslesen nach Leistung im weitaus längsten Teil der Schulkarriere – doch nicht nur in der Schule, sondern auch im Denken der Bevölkerung. Sortieren und Auslesen wird ersetzt durch Entwickeln und Fördern (vgl. GEIßLER/WEBER-MENGES 2010, S.572). In Kanadas eingliedriger Sekundarstufe gelingt es, den Abstand zwischen leistungsstarken und leistungsschwachen Schülern abzubauen. Wichtig in diesem Zusammenhang ist, dass der Abbau der Leistungsdifferenzen nicht zu Lasten der Leistungsstarken geht, sondern ausschließlich durch bessere Leistungen der schwachen Schüler bewirkt wird. Es ist empirisch belegt, „dass die frühe Selektion nicht mit einem stärkeren Anstieg des durchschnittlichen Leistungsniveaus der Schüler einhergeht" (GEIßLER/WEBER-MENGES 2010, S.560 zit. nach WÖßMANN 2007, S.148). Lernbehinderte – diese sind in der Regel in die Klassen integriert – und Hochbegabte besuchen zehn bis elf Jahre lang denselben stark binnendifferenzierten Unterricht (GEIßLER/WEBER-MENGES 2010, S.571).

Besondere individuelle Fördermaßnahmen erhalten vor allem vier Gruppen:

- Schüler mit sonderpädagogischem Förderbedarf
- Leistungsschwache in denjenigen Fächern, in denen sie die Mindeststandards der Klasse nicht erreicht haben
- Migrantenkinder, insbesondere in Englisch als Zweitsprache
- aber auch Hochbegabte

Individuelle Förderpläne benennen die Stärken und Schwächen der Betroffenen, werden mit den Eltern besprochen und abgestimmt sowie – falls nötig – regelmäßig aktualisiert" (GEIß-LER/WEBER-MENGES 2010, S.573).

Die Lehrer erhalten wichtige, sachkundige Unterstützung durch vielfältiges zusätzliches Fachpersonal: durch bis zu zwei ‚Teaching Assistants' pro Lehrer, durch Kollegen mit einer sonderpädagogischen Zusatzausbildung, durch Psychologen, Sozialarbeiter, Logopäden, Therapeuten und Mediziner. Eine wichtige Rolle spielen auch die ‚Guidance Counsellors'. Sie sind erfahrene Lehrer mit einer psychologischen, sonderpädagogischen oder sozialarbeiterischen Zusatzausbildung und stehen den Schülern als direkte Ansprechpartner bei schulischen, persönlichen oder auch bei sozialen Problemen zur Verfügung. In sog. Förderzentren – jede Schule verfügt über mindestens ein derartiges Zentrum – sind die Förderressourcen organisatorisch gebündelt. Förderlich für alle dürfte sich die *intensive Zusammenarbeit von Schule und Eltern* auf allen Schulstufen – insbesondere in der Vorschule und Grundschule – auswirken. So treffen sich während der Grundschulzeit Eltern und Lehrer einmal pro Woche zur Aussprache sowie zum Informationsaustausch (vgl. GEIßLER/WEBER-MENGES 2010, S.573 zit. nach LINK 2010, S.167).

„Ein Umbau des deutschen Systems zum kanadischen Modell ist jedoch derzeit kein realistisches Ziel. Fest verankerte Traditionen im Denken über Schule in der deutschen Bevölkerung sowie die Vielschichtigkeit der betroffenen strukturellen Zusammenhänge stehen einer derartig radikalen Perestroika im Wege. Mittelfristig realistischer ist eine partielle Perestroika in Form eines Zwei-Säulen-Modells mit einer verkürzten traditionellen gymnasialen Säule und einer integrierten modernen Säule, von der insbesondere die Bildungsverlierer profitieren" (GEIß-LER/WEBER-MENGES 2010, S.581).

Das gemeinsame Lernen in leistungsheterogenen Klassen stellt für die Lehrer dieser eine tägliche Herausforderung dar (GEIßLER/WEBER-MENGES 2010, S.572). Doch diese Heterogenität führt nicht dazu, dass die Leistung der leistungsstarken Schüler darunter leidet. Im Gegenteil, in einer heterogenen Klasse schrumpft die Leistungskluft *und* die Leistungsspitze wird besser und breiter. Die folgende Abbildung wird dies verdeutlichen.

	Leistungspunkte, welche die besten		Anteil derjenigen, die mindestens Stufe V von 6 Leistungsstufen erreichen
	10%	5%	
	mindestens erreichen		
	Lesen		
Deutschland	625	657	9,9%
Kanada	644	674	14,5%
	Mathematik		
Deutschland	632	664	
Kanada	635	664	
	Naturwissenschaften		
Deutschland	642	672	11,8%
Kanada	651	681	14,4%

Quelle: zusammengestellt nach PISA-Konsortium Deutschland 2007: 81, 86, 229, 233, 259 (Datenbasis: PISA 2006)

Die Leistungsstärksten – die besten 5 und 10 Prozent der 15-Jährigen – erzielen in Kanada im Lesen und in den Naturwissenschaften etwas höhere Leistungen als die deutschen Schüler. In Mathematik sind sie gleich gut. Die Spitzengruppe derjenigen, die mindestens die Kompetenzstufe fünf von sechs Stufen erreicht, ist daher in Kanada etwas umfangreicher. Sie umfasst im Lesen und in den Naturwissenschaften einen Anteil von etwa 14,5 Prozent, in Deutschland lediglich knapp 10 bzw. 12 Prozent (GEIßLER/WEBER-MENGES 2010, S.570f).

Analyse des Bildungssystems

„Die Bildungsinstitutionen werden ihrer Aufgabentrias (Selektion, Legitimation und Qualifikation) nach Bourdieu dadurch gerecht, daß sie ihren eigenen, neutralen gehandhabten Leistungskriterien folgen. Erfolg oder Versagen in Bildungsinstitutionen werden daher prinzipiell als persönliche Leistung des Schülers angesehen. Bildungszertifikate, schulische Abschlüsse, ebenso wie Hochschultitel, bescheinigen dementsprechend das nachgewiesene Leistungsvermögen. Aber gerade durch die scheinbare Neutralität der Leistungskriterien und die Gleichbehandlung der Schüler als Schüler werden, quasi automatisch, selektive Unterscheidungen hervorgerufen. Die Aussicht auf und die Wahrscheinlichkeit von Bildungserfolgen nämlich steigen in dem Maße, in dem schulische und familiäre Habitusformen übereinstimmen" (LIEBAU

12

1987, S.85f). Wenn die Schule durch die Habitusformen der Mittel- und Oberschicht geprägt ist, so privilegiert sie jene Kinder, die aus den entsprechenden Milieus stammen (vgl. LIEBAU 1987, S.86). „Sie werden i.d.R. zu erfolgreichen Schülern; damit steigen auch ihre Berufsausbildungsmöglichkeiten und ihre Chancen, im Berufsleben relativ hohe Positionen einzunehmen, sofern, was wahrscheinlich ist, sie solche anstreben (…)" (LIEBAU 1987, S.86).

So leistet das Bildungssystem ohne größere gesellschaftliche Konflikte und bei formal gesicherter Chancengleichheit seinen Beitrag zur Reproduktion der gegebenen gesellschaftlichen Statushierarchien. Schüler lernen im Laufe ihrer Schulzeit, sich Erfolg oder Versagen als individuelle Leistungsfähigkeit zuzuschreiben. Die Auslese erscheint daher als zwanglos und gerecht, als Trennung von Begabten und Unbegabten, von fähig und unfähig. Dabei wird nicht etwa anhand der familiären Abstammung selektiert, sondern aufgrund der erbrachten Leistung: „Was auch dem ‚begabten' Arbeiterkind seine Chance gibt – mit dem Unterschied allerdings, daß das begabte Arbeiterkind die *Ausnahme* ist, während das begabte Akademikerkind die *Regel* ist" (LIEBAU 1987, S.86).

In den skandinavischen Ländern ist die Gesamtschule Normalität. Ein mehrgliedriges Schulsystem gibt es dort seit über 20 Jahren nicht mehr. „Das schwedische Schulsystem ist auf Fördern orientiert, es verzichtet bis zum Abschluss der Oberstufe auf jegliche Form des Aussonderns. Dies kommt schon in der äußeren Organisation des Schulsystems zum Ausdruck. Die Schulpflicht beginnt mit sieben Jahren. Bis zum Alter von sechzehn Jahren besuchen alle Kinder eine neunjährige Gesamtschule. Es gibt kein Sitzenbleiben, keine Schule für Lernbehinderte oder Erziehungsschwierige, auch geistig Behinderte sind weitgehend integriert" (RATZKI 2013, S.24). Im Kontrast dazu wird in Deutschland die Selektion nach der Primarschule als normal betrachtet. Durch diese Selektion wird das Kapitalungleichgewicht noch stärker provoziert. Je nach Abschluss erlangt man ein gutes oder weniger gutes institutionalisiertes kulturelles Kapital. Die Chancenungleichheit, die sich daraus auf dem Arbeitsmarkt ergibt, ist enorm. In Deutschland haben in den letzten Jahren Einkommensungleichheiten und Armut stärker zugenommen als in jedem anderen OECD-Land. Die Gründe für diese Veränderung hängen mit der Entwicklung des Arbeitsmarkts zusammen. Seit Ende des 20. Jahrhunderts ist die Spreizung der Löhne und Gehälter deutlich auseinanderdividiert. Vorrangig von dem erhöhten Armutsrisiko betroffen sind Geringqualifizierte sowie Alleinerziehende und insbesondere die in deren Haushalten lebenden Kinder und Jugendlichen (vgl. HURRELMANN/QUENZEL 2010, S.12). Ist das kulturelle Kapital nicht ausreichend, existieren zwei institutionalisierte Abschiebemechanismen für leistungsschwache Schüler. Der eine ist die Klassenwiederholung, der andere der schulische Abstieg innerhalb der Schulhierarchie. Sie gehören zu den allgemein akzeptierten Selbstverständlichkeiten des deutschen Schulalltags und ermöglichen es den Lehrkräften und Schulen, sich ihrer Problemkinder zu entledigen, statt diese zu fördern (vgl. GEIßLER/WEBER-MENGES 2010, S.569).

Gering qualifizierte Personen sind somit nicht nur aufgrund ihres niedrigen institutionalisierten Kapitals benachteiligt, sondern auch aufgrund der daraus resultierenden Einkommensungleichheit und dem damit in Verbindung stehenden immer schwächer werdenden ökonomischen Kapital. Die Selektion soll dafür sorgen, dass die Kinder eine auf ihre Kompetenzen zugeschnittene bestmögliche Beschulung erhalten, allerdings scheint dies nicht der richtige Weg zu sein. Das schwedische Schulsystem ist ein Beweis dafür, dass Gesamtschulen keine Fiktion sind, sondern sowohl realisierbar sind als auch Chancenungleichheiten vermindern. Die Frage ist, ob ein völliger Ausgleich der Leistungsunterschiede uneins mit der Logik des differenzierten schulischen Systems wären, da die anschließende Einteilung in die dreigliedrige schulische Laufbahn nicht mehr vorgenommen werden müsste (vgl. DITTON 2010, S.67). Wie Ditton weiter erläutert,

> „besteht der Anspruch unseres schulischen Systems gar nicht explizit im Abbau von Differenz, sondern in der bestmöglichen Förderung jedes einzelnen Schülers, also sowohl der leistungsschwächeren als auch der leistungsstärkeren" (DITTON 2010, S.68).

Aufgrund der Einteilung in leistungsstarke und leistungsschwache Schüler besteht deshalb nicht zwangsläufig während der Schulzeit, aber anschließend durch das starke institutionalisierte Gefälle des Kapitals eine Chancenungleichheit auf dem Arbeitsmarkt. Es entstehen ein erster und ein zweiter Arbeitsmarkt. Nur aufgrund von Chancenungleichheit entsteht nicht zwangsläufig Exklusion, jedoch ist diese ein Symptom für Exklusionsrisiken. Nicht wenige Menschen finden nur eine schlecht bezahlte oder gar keine Arbeitsstelle. Dass eine gute oder weniger gute Ausbildung vom institutionalisierten sowie inkorporierten Kapital entscheidend für den weiteren nachschulischen Lebenslauf einer Person ist, soll mit einem Zitat aus dem Buch *Selektion und Exklusion im Bildungssystem* bestärkt werden:

> „Prekäre Lebenssituationen entstehen in einer Wissensgesellschaft bei steigenden Qualifikationsanforderungen in erster Linie durch niedrige Bildung. Exklusionsgefährdet sind also vor allem Menschen, die in ihrer Bildungslaufbahn entweder gar keinen oder nur einen niedrigen Bildungsabschluss erworben haben" (DITTON 2010, S.67).

Literaturverzeichnis und weiterführende Literatur

Abels, H. / König, A. 2010: Sozialisation. Wiesbaden: Springer Fachmedien

Aktion Mensch 2016: Was ist Inklusion? https://www.aktion-mensch.de/themen-informieren-und-diskutieren/was-ist-inklusion.html (27.04.16)

Anhorn, R. 2008: Zur Einleitung: Warum sozialer Ausschluss für Theorie und Praxis Sozialer Arbeit zum Thema werden muss. In: Anhorn, R., Bettinger, F., Stehr J. (Hrsg.): Sozialer Ausschluss und Soziale Arbeit. Positionsbestimmungen einer kritischen Theorie und Praxis Sozialer Arbeit. Wiesbaden: VS Verlag für Sozialwissenschaften, S.13-50

Barz, H. / Baum, D. / Cerici, M. / Göddertz, N. / Raidt, T. 2010: Kulturelle Bildungsarmut und Wertewandel. In: Hurrelmann, K. / Quenzel, G. (Hrsg.): Bildungsverlierer. Neue Ungleichheiten. Wiesbaden: Springer Fachmedien VS, S.96-123

Bourdieu, P. 1982 (1979): Die feinen Unterschiede. Kritik der gesellschaftlichen Urteilskraft. Frankfurt a. M.: Suhrkamp Verlag

Bourdieu, P. 1983: Ökonomisches Kapital, kulturelles Kapital, soziales Kapital. In: Soziale Ungleichheiten (Soziale Welt Sonderband 2), Hrsg. Kreckel, Reinhard. Göttingen: Schwartz, S.183-198

Bourdieu, P. 1989: Antworten auf einige Einwände. In: Eder, K. (Hrsg.): Klassenlage, Lebensstil und kulturelle Praxis, Frankfurt a. M., S. 395-410

Bourdieu, P. 1992: Die verborgenen Mechanismen der Macht. In: Schriften zu Politik & Kultur, Hrsg. Steinrücke, Margareta. Hamburg: VSA-Verlag

Bourdieu, P. / Wacquant, L.J.D. (1992) 2006: Reflexive Anthropologie, Frankfurt a. M.: Suhrkamp Verlag

Bourdieu, P. 1999 (1979): Die feinen Unterschiede. Kritik der gesellschaftlichen Urteilskraft, Frankfurt a. M.: Suhrkamp Verlag

Bpb 2016: Das Bildungssystem in Deutschland. Bundeszentrale für politische Bildung. http://www.bpb.de/gesellschaft/163283/das-bildungssystem-in-deutschland (27.04.16)

Buhr, P. / Leibfried, S. 2009: Ist die Armutsbevölkerung in Deutschland exkludiert? In: Stichweh, Rudolf/Windolf, Paul (Hrsg.): Inklusion und Exklusion: Analysen zur Sozialstruktur und sozialen Ungleichheit, Wiesbaden: VS Verlag für Sozialwissenschaften, 2009, S. 103-122

Carey, A. 2016: Kann die Sozialwirtschaft als ein "practice approach" der Soziologie im Bourdieu'schen Sinne gelten? Eine Gegenwartsdiagnose des „Sozialen". Villingen-Schwenningen: Unveröffentlichter Vortrag

Dannenbeck, C. / Dorrance, C. 2009: Inklusion als Perspektive (sozial)pädagogischen Handelns – eine Kritik der Entpolitisierung des Inklusionsgedankens. Zeitschrift für Inklusion, Nr. 2 vom Oktober 2009, verfügbar unter: http://www.inklusion-online.net/index.php/inklusion-online/article/view/161/161 (13.04.16)

Die Kapitalarten – Soziobloge 2016: Pierre Bourdieu: Die Kapitalarten. http://soziobloge.de/pierre-bourdieu-die-kapitalarten/ (19.04.16)

Ditton, H. 2010: Selektion und Exklusion im Bildungssystem. In: Hurrelmann, K. / Quenzel, G. (Hrsg.): Bildungsverlierer Neue Ungleichheiten, Wiesbaden: Springer Fachmedien VS, S.53-73

Dohmen, D. / Ramirez-Rodriguez, R. 2010: Ethnisierung von geringer Bildung. In: Hurrelmann, K. / Quenzel, G. (Hrsg.): Bildungsverlierer Neue Ungleichheiten, Wiesbaden: Springer Fachmedien VS, S.289-312

Drieschner, E. / Gaus, D. (Hrsg.) 2014: Das Bildungssystem und seine strukturellen Koppelungen, Wiesbaden: VS Springer Fachmedien

Gabler 2016: Wirtschaftslexikon. http://wirtschaftslexikon.gabler.de http://wirtschaftslexikon.gabler.de/Definition/fordismus.html (15.06.2016)

Geißler, R. / Weber-Menges S. 2010: Überlegungen zu einer behutsamen Perestroika des deutschen Bildungssystems. In: Hurrelmann, K. / Quenzel, G. (Hrsg.): Bildungsverlierer. Neue Ungleichheiten. Wiesbaden: Springer Fachmedien VS, S.557-584

Gentrifizierung und Segregation 2016: Gentrifizierung wordpress. https://gentrifizierung.wordpress.com/about/ (04.04.16)

Hillebrandt, F. 1999: Die Habitus-Feld-Theorie als Beitrag zur Mikro-Makro-Problematik in der Soziologie– aus der Sicht des Feldbegriffs. Hamburg: Working Paper, Technische Universität

Hillmert, S. 2009: Soziale Inklusion und Exklusion: die Rolle von Bildung. In: Stichweh, R. / Stichweh, R 1997: Inklusion / Exklusion, funktionale Differenzierung und die Theorie der Weltgesellschaft. Soziale Systeme 3: Wiesbaden: GWV Fachverlag, 123–136

Hinz, A. 2003: Inklusion – mehr als nur ein neues Wort? In: Lernende Schule 6 (2003): Heft 23, Seite 15-17 Download unter: http://heupel.hostingkunde.de/lindenbergschule/inclusion_/Inklusion_hinz.pdf (22.05.16)

Inklusion im Land 2016: Alle Bundesländer. http://www.inklusion-brandenburg.de/andere_bundeslaender.html (15.06.16)

Inklusion Schule Info 2016: Integration und Inklusion. http://www.inklusion-schule.info/inklusion/integration-und-inklusion.html (23.05.16)

Jacob, M. 2004: Mehrfachausbildungen in Deutschland: Karriere, Collage, Kompensation? Wiesbaden: Verlag für Sozialwissenschaften

Jacob, M. / Hillmert, S. 2008: Selection and social seletivity on the academic track: A lifecourse analysis of educational attainment in Germany. Unveröff. Manuskript, 2008

Kessner, L. 2014: Gesund essen - Eine Frage des Geldes? UGB. https://www.ugb.de/ernaehrungsplan-praevention/gesund-essen-eine-frage-geldes/ (01.06.16)

Köpfler, A. 2014: Inclusion. Uni Köln. Download unter: www.inklusion-lexikon.de/Inclusion_Koepfer.pdf (08.06.16)

Koob, D. 2007: Sozialkapital zur Sprache gebracht. Göttingen: Universitätsverlag.

Kronauer, M. 1999: Die Innen-Außen-Spaltung der Gesellschaft. Eine Verteidigung des Exklusionsbegriffs gegen seinen mystifizierenden Gebrauch. In: Herkommer S. (Hrsg.): Soziale Ausgrenzungen. Gesichter des neuen Kapitalismus, Hamburg: VSA-Verlag, S. 60–72

Landtagswahl 2016: Schulpolitik. http://www.landtagswahl-bw.de/wahlthema_bildungspolitik.html (20.04.16)

Luhmann, N. 1981: Soziologische Aufklärung 3: Soziales System, Gesellschaft, Organisation. Frankfurt a. M.: Suhrkamp Verlag

Müller, H. P. 1992: Die soziokulturelle Ungleichheitstheorie. In: Sozialstruktur und Lebensstile. Der neuere theoretische Diskurs über soziale Ungleichheit. 1. Aufl. Müller, H. P. (Hrsg.): Frankfurt am Main: Suhrkamp, S.238–351

Nillson 2015: Sozialisation und Erziehung. https://www.netpapa.de/sozialisation.html (30.05.16)

17

Nohl, A. / Schittenhelm, K. / Schmidtke, O. / Weiß, A. 2010: Migration, kulturelles Kapital und Statuspassagen in den Arbeitsmarkt. In Nohl, A. / Schittenhelm, K. / Schmidtke, O. / Weiß, A. (Hrsg.): Kulturelles Kapital in der Migration, Wiesbaden: GWV Fachverlag, S.9-38

Psychologie im Alltag: 2011: Rosenthal-Effekt. https://psychologieimalltag.com/tag/rosenthal-effekt/ (03.04.2016)

Quenzel, G. 2010: Das Konzept der Entwicklungsaufgaben zur Erklärung von Bildungsmisserfolg. In Hurrelmann, K. / Quenzel, G. (Hrsg.): Bildungsverlierer Neue Ungleichheiten, Wiesbaden: Springer Fachmedien VS, S.123-136

Rademacker, H. 2009: Schulsozialarbeit – Begriff und Entwicklung. In Pötter, N. / Segel, G. 2009: Profession Schulsozialarbeit. Beiträge zu Qualifikation und Praxis der sozialpädagogischen Arbeit an Schulen, S.13-32

Ratzki A. 2013: Skandinavische Bildungssysteme – Schule in Deutschland. Ein provokanter Vergleich. In: Auernheimer, G. (Hrsg.): Schieflagen im Bildungssystem, Wiesbaden: Springer Fachmedien, S.23-32

https://karriere.sparkasse.de/schulabgaenger/fragen-und-antworten/ (30.05.16)

Spitzer, M. 2014: Selbstkontrolle: Warum tun wir oft nicht, was wir wollen? Online abrufbar unter: https://www.youtube.com/watch?v=CKNUBepU9jA (08.06.16)

Tillmann, K./ Dedering, K./ Kneuper, D./Kuhlmann C./Nessel, I. 2008: PISA als bildungspolitisches Ereignis. Empirische Fallstudien in vier Bundesländern. Schule und Gesellschaft, Bd. 43. Wiesbaden: VS Verlag für Sozialwissenschaften

Tresselt 2016: PISA – Ergebnisse. http://www.tresselt.de/pisa.htm (19.03.16)

Uni-Oldenburg 2016: Die Inkorporierung gesellschaftlicher Normen: http://www.uni-oldenburg.de/fileadmin/user_upload/sport/download/soziologie/Pille_-_Die_Inkorporierung_gesellschaftlicher_Normen_.pdf (13.05.16)

Van Essen, F. 2013: Soziale Ungleichheit, Bildung und Habitus. Möglichkeitsräume ehemaliger Förderschüler. Wiesbaden: Springer Fachmedien

Wagner, T. 2007: Vom "Ende" der Armut und der "Entdeckung" der Exklusion. Des Königs neue Kleider oder "neue" Qualitäten der Ungleichheit? http://www.sozialarbeit.ch/dokumente/ende%20der%20armut.pdf (15.06.16)

Wagner, F. W. 2009: Soziale Exklusion und Ressentiment gegen Behinderte in der modernen Stadt. Rudolstadt: Greifenverlag

Waldorf 2016: Anthroposophie – Bund der freien Wohlfahrtsschulen. http://www.waldorf-schule.de/waldorfpaedagogik (08.06.16)

Wansing, G. 2005: Teilhabe an der Gesellschaft. Wiesbaden: Springer Fachmedien

Windolf, Paul 2009: Einleitung: Inklusion und soziale Ungleichheit. In: Stichweh, R. / Windolf, P. (Hrsg.): In: Inklusion und Exklusion: Analysen zur Sozialstruktur und sozialen Ungleichheit, Wiesbaden: VS Verlag für Sozialwissenschaften, 2009, S. 11-27

Wüllenweber, W. 2004: Unterschicht: Das wahre Elend. http://www.stern.de/politik/de

Mehr zu diesem Thema finden Sie in: „Die Schule als Ort von Inklusivität und Exklusivität. Eine Praxisanalyse auf der Grundlage von Pierre Bourdieu" von Manuel Lemke, ISBN 9783668275539

http://www.grin.com/de/e-book/337910/

BEI GRIN MACHT SICH IHR WISSEN BEZAHLT

- Wir veröffentlichen Ihre Hausarbeit,
  Bachelor- und Masterarbeit

- Ihr eigenes eBook und Buch -
  weltweit in allen wichtigen Shops

- Verdienen Sie an jedem Verkauf

Jetzt bei www.GRIN.com hochladen
und kostenlos publizieren